AF221676

Impressum
Verlag: BABADADA GmbH, Nedderfeld 112 , 22529 Hamburg
Geschäftsführer / Verlagsleitung: Harald Hof
Druck: Books on Demand GmbH, In de Tarpen 42, 22848 Norderstedt

Imprint
Publisher: BABADADA GmbH, Nedderfeld 112 , 22529 Hamburg, Germany
Managing Director / Publishing direction: Harald Hof
Print: Books on Demand GmbH, In de Tarpen 42, 22848 Norderstedt

sekolah
škola

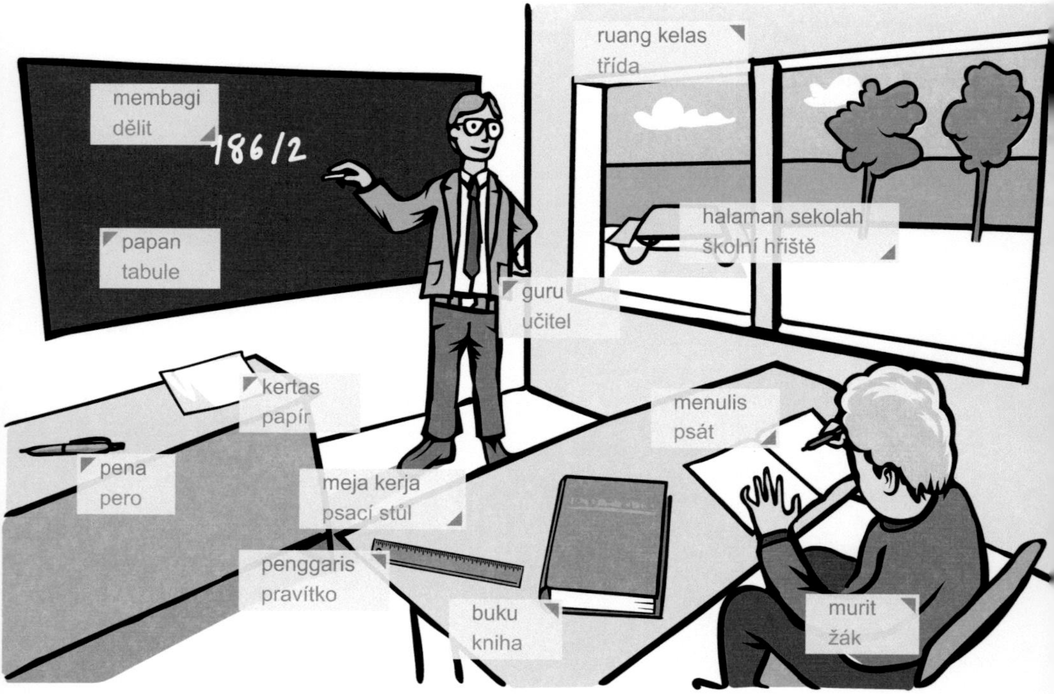
ruang kelas
třída
membagi
dělit
186/2
papan
tabule
halaman sekolah
školní hřiště
guru
učitel
kertas
papír
menulis
psát
pena
pero
meja kerja
psací stůl
penggaris
pravítko
buku
kniha
murit
žák

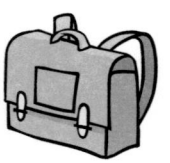

tas sekolah

aktovka

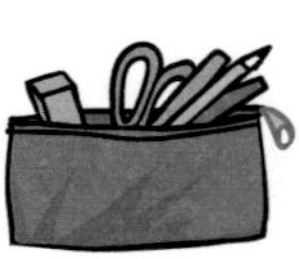

tempat pensil

penál

pensil

tužka

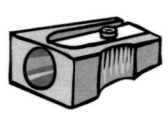

pengasah pensil

ořezávátko

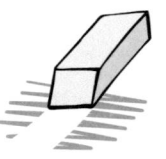

penghapus

guma

kertas gambar

blok na kreslení

gambar

výkres

kuas

štětec

kotak cat

malířské potřeby

gunting

nůžky

lem

lepidlo

buku latihan

cvičebnice

pekerjaan rumah

domácí úkol

angka

počet

tambhakan

sčítat

mengurangi

odčítat

mengalikan

násobit

menghitung

počítat

huruf

písmeno

alfabet

abeceda

kata

slovo

teks

text

membaca

číst

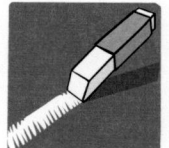

kapur

křída

pelajaran

hodina

daftar

třídní kniha

ujian

zkouška

sertifikat

vysvědčení

seragam sekolah

školní uniforma

pendidikan

vzdělání

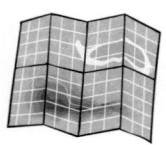

ensiklopedi

encyklopedie

universitas

univerzita

mikroskop

mikroskop

peta

karta

tempat sampah

odpadkový koš na papír

perjalanan
cesta

hotel
hotel
Grand
hostel
ubytovna
ROOMS
EXCHANGE
kantor pertukaran mata uang
směnárna
koper
kufr
mobil
auto

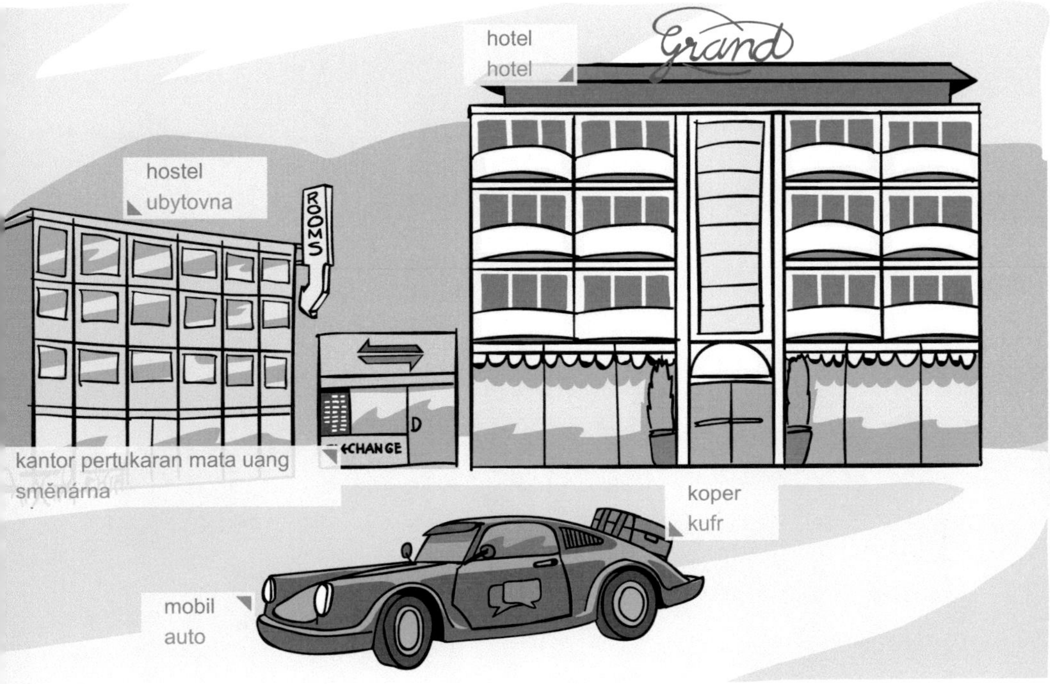

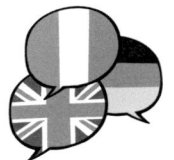

bahasa

jazyk

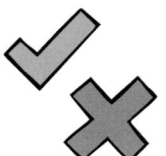

ya / tidak

ano / ne

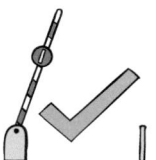

okay

oukej

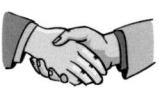

hallo

Ahoj!

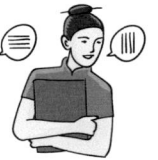

penerjemah

překladatel

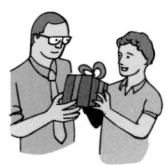

terima kasih

děkuji

Berapa harganya…?

Kolik stojí...?

saya tidak mengerti

nerozumím

masalah

problém

Selamat malam!

Dobrý večer!

Selamat siang!

Dobré ráno!

Selamat tidur!

Dobrou noc!

sampai jumpa

na shledanou

arah

směr

bagasi

zavazadlo

tas

taška

ransel

batoh

tamu

host

ruang

pokoj

kantong tidur

spací pytel

tenda

stan

informasi wisata

turistické informace

pantai

pláž

kartu kredit

kreditní karta

sarapan

snídaně

makan siang

oběd

makan malam

večeře

tiket

jízdenka

elevator

výtah

perangko

poštovní známka

perbatasan

hranice

cukai

clo

kedutaan

poselství

visa

vízum

paspor

pas

transportasi
transport

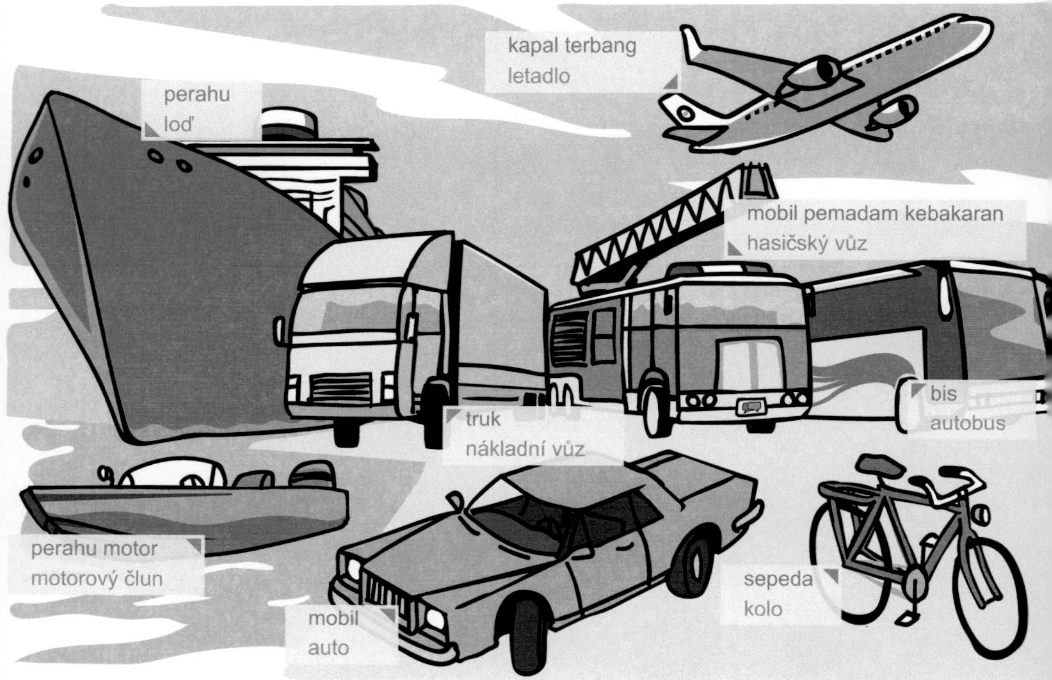

kapal terbang
letadlo
perahu
loď
mobil pemadam kebakaran
hasičský vůz
bis
autobus
truk
nákladní vůz
perahu motor
motorový člun
sepeda
kolo
mobil
auto

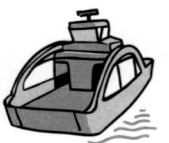

feri

přívoz

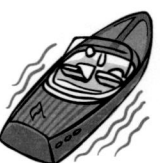

perahu

člun

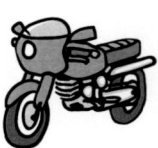

sepeda motor

motorka

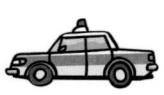

mobil polisi

policejní auto

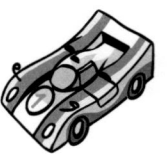

mobil balapan

závodní auto

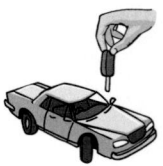

mobil sewa

pronajaté auto

berbagi mobil

sdílení aut

truk derek

odtahová služba

truk sampah

popelářský vůz

motor

motor

bahan bakar

palivo

bensin

čerpací stanice

tanda lalulintas

dopravní značka

lalulintas

doprava

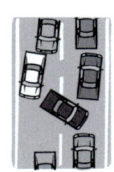

macet

dopravní zácpa

parkir mobil

parkoviště

stasiun kereta

vlakové nádraží

trek

koleje

kereta api

vlak

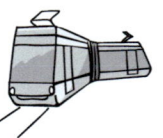

tram

tramvaj

gerobak

vagón

helikopter

helikoptéra

bendara

letiště

menara

věž

penumpang

pasažér

container

kontejner

karton

kartón

troli

trakař

keranjang

koš

berangkat / mendarat

vzlétnout / přistát

kota

město

desa

vesnice

pusat kota

střed města

rumah

dům

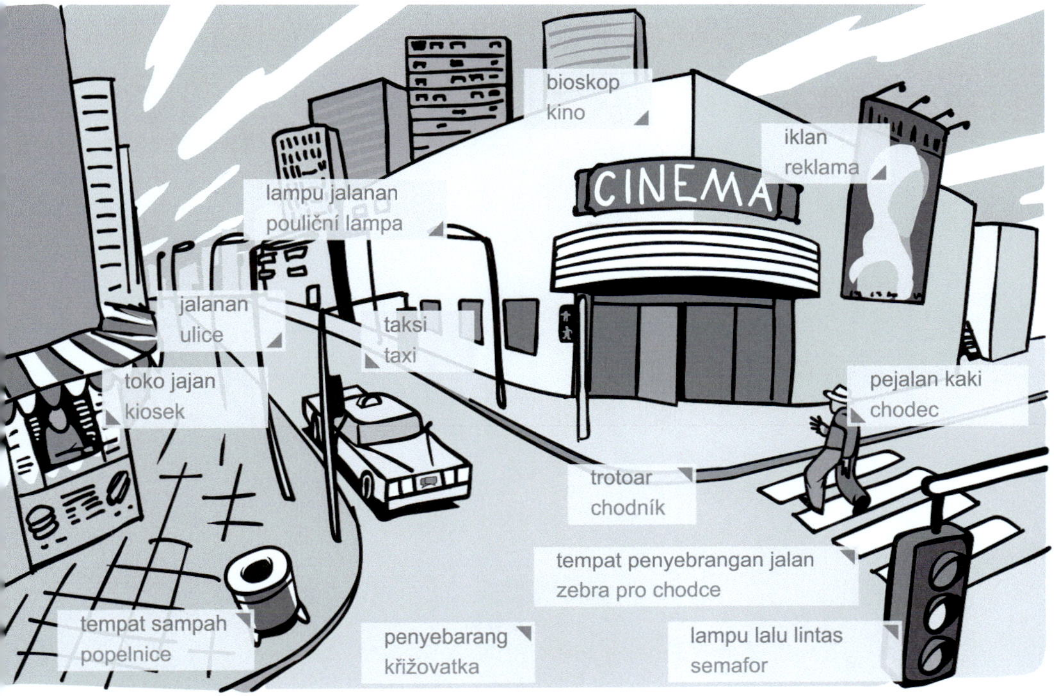
bioskop
kino
iklan
reklama
CINEMA
lampu jalanan
pouliční lampa
jalanan
ulice
taksi
taxi
toko jajan
kiosek
pejalan kaki
chodec
trotoar
chodník
tempat penyebrangan jalan
zebra pro chodce
tempat sampah
popelnice
penyebarang
křižovatka
lampu lalu lintas
semafor

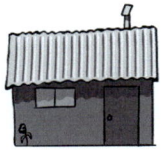

gubuk

chata

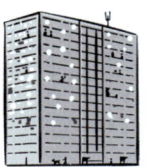

rumah flat

byt

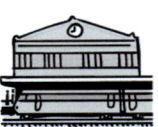

stasiun kereta

vlakové nádraží

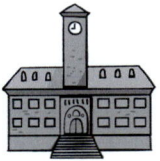

balai kota

radnice

MUSEUM

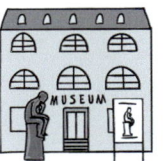

museum

muzeum

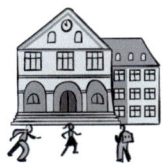

sekolah

škola

universitas

univerzita

bank

banka

rumah sakit

nemocnice

hotel

hotel

farmasi

lékárna

kantor

kancelář

toko buku

knihkupectví

toko

obchod

toko bunga

květinářství

supermarket

supermarket

pasar

tržnice

toko serba ada

obchodní dům

nelayan

rybárna

pusat belanja

nákupní centrum

pelabuhan

přístav

taman

park

banku

lavička

jembatan

most

tangga

schody

kereta bawah tanah

metro

terowongan

tunel

pemberhantian bis

autobusová zastávka

bar

bar

restauran

restaurace

kotak surat

poštovní schránka

tanda jalan

pouliční tabule

meteran parkir

parkovací hodiny

kebun binatang

zoo

kolam renang

plovárna

mesjid

mešita

pertanian

usedlost

polusi

znečišťování životního prostředí

kuburan

hřbitov

gereja

církev

tempat bermain

hřiště

pura

chrám

pemandangan
krajina

daun
list

penunjuk arah
rozcestník

jalanan
cesta

padang rumput
louka

batu
kámen

pohon
strom

pejalak kaki
turista

sungai
řeka

rumput
tráva

bunga
květina

lembah
údolí

bukit
hora

danau
jezero

hutan
les

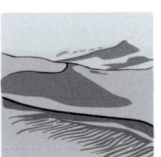

padang gurun
poušť

gunung berapi
sopka

istana
zámek

pelangi
duha

jamur
houba

pohon palem
palma

nyamuk
komár

lalat
moucha

semut
mravenec

lebah
včela

laba-laba
pavouk

kumbang

brouk

kodok

žába

tupai

veverka

landak

ježek

kelinci

zajíc

burung hantu

sova

burung

pták

angsa

labuť

babi jantan

divoké prase

rusa

jelen

rusa

los

bendungan

přehrada

turbin angin

větrné kolo

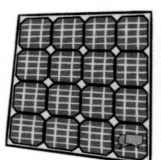

panel surya

solární panel

iklim

podnebí

restauran

restaurace

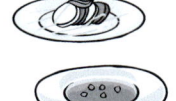

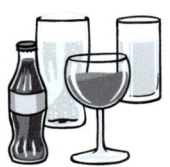

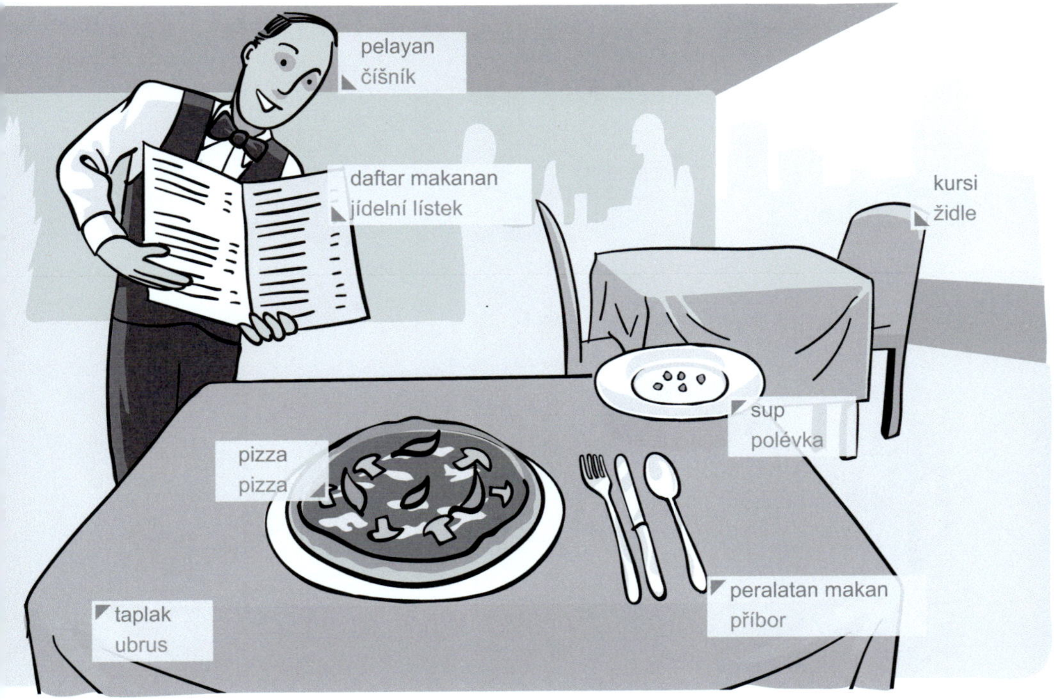
pelayan
číšník
daftar makanan
jídelní lístek
kursi
židle
sup
polévka
pizza
pizza
peralatan makan
příbor
taplak
ubrus

hindangan pembuka

předkrm

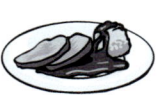

hidangan utama

hlavní chod

hidangan penutup

dezert

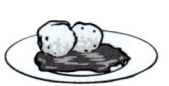

minuman

nápoje

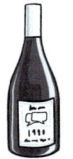

makanan

jídlo

botol

láhev

fastfood

rychlé občerstvení

masakan jalanan

pouliční občerstvení

teko teh

čajová konvice

kaleng gula

cukřenka

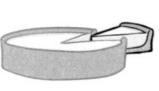

porsi

porce

mesin espresso

kávovar na espresso

kursi tinggi

dětská stolička

tagihan

faktura

baki

tác

pisau

nůž

garpu

vidlička

sendok

lžíce

sendok teh

čajová lyžička

serbet

ubrousek

gelas

sklenička

piring
talíř

piring sup
talíř na polévku

lepek
podšálek

saus
omáčka

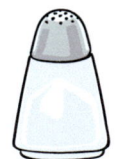

tempat garam
slánka

gilingan merica
mlýnek na pepř

cuka
ocet

minyak
olej

bumbu
koření

saus tomat
kečup

mustar
hořčice

mayones
majonéza

supermarket

supermarket

penawaran khusus
nabídka
klien
zákazník
produk susu
mléčné výrobky
troli
nákupní vozík
buah
ovoce
FOR

BUTCHERS

pembantai

masna

BAKERY

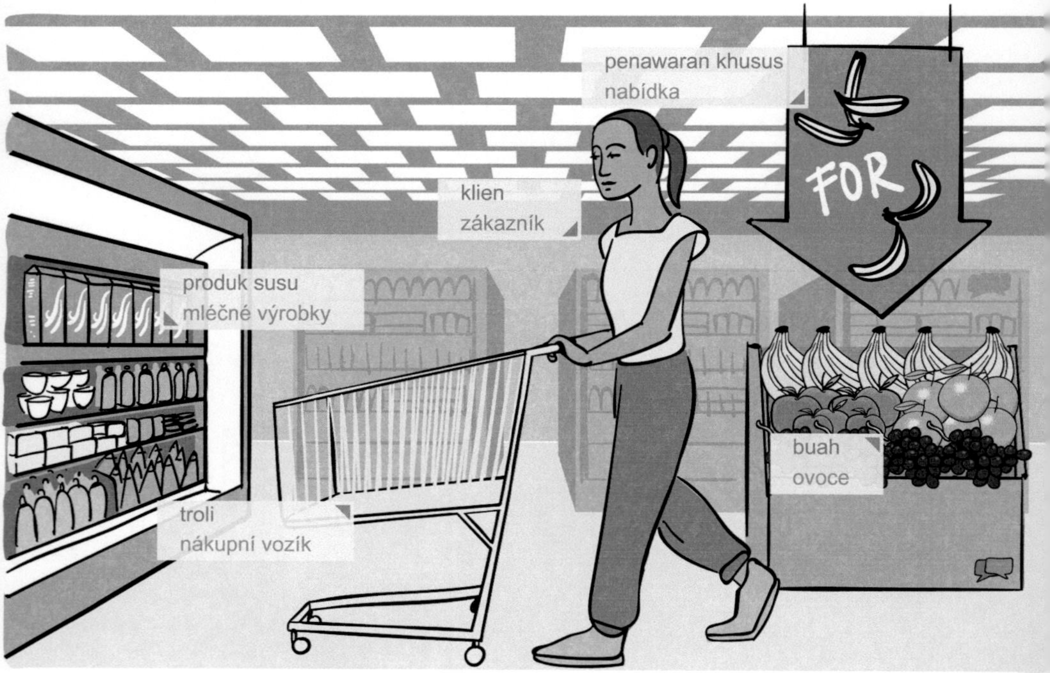

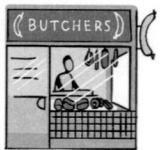

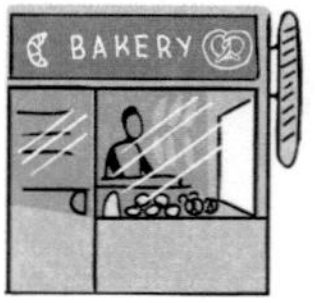

toko roti

pekařství

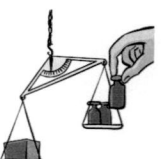

menimbang

vážit

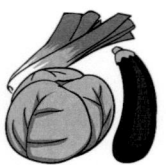

sayur

zelenina

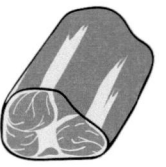

daging

maso

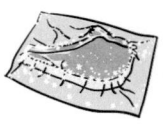

makanan beku

mražené potraviny

pemotongan dingin

obložený talíř

makanan kaleng

konzervy

sabun serbuk

prací prášek

permen

cukrovinky

alat-alat rumah tangga

výrobky pro domácnost

obat pembersihan

čisticí prostředek

penjual

prodavačka

kasa

pokladna

kasir

pokladní

daftar belanja

nákupní seznam

jam buka

otevírací doba

dompet

peněženka

kartu kredit

kreditní karta

tas

taška

kantong plastik

igelitová taška

supermarket - supermarket

air
voda

jus
džus

susu
mléko

cola
kola

anggur
víno

bir
pivo

alkohol
alkohol

coklat
kakao

teh
čaj

kopi
káva

espresso
espresso

cappucino
kapučíno

pisang

banán

apel

jablko

jeruk

pomeranč

semangka

meloun

jeruk lemon

citrón

wortel

mrkev

bawang putih

česnek

bambu

bambus

bawang bombai

cibule

jamur

houba

kacang

ořechy

mi

těstoviny

spagetti

špageti

nasi

rýže

salat

salát

kentang goreng

hranolky

kentang goreng

americké brambory

pizza

pizza

hamburger

hamburger

sandwich

sendvič

sayatan

řízek

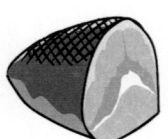

ham

šunka

salami

salám

sosis

salám

ayam

kuře

menggoreng

pečeně

ikan

ryby

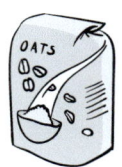

bubur gandum

ovesné vločky

sereal

müsli

cornflakes

vločky

tepung

mouka

croissant

croissant

roti

houska

roti

chléb

toast

toast

biskuit

sušenky

mentega

máslo

dadih

tvaroh

kue

buchta

telur

vejce

telur goreng

volské oko

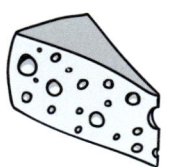

keju

sýr

eskrim

zmrzlina

gula

cukr

madu

med

selai

marmeláda

krim nugat

nugátový krém

kare

kari

pertanian

usedlost

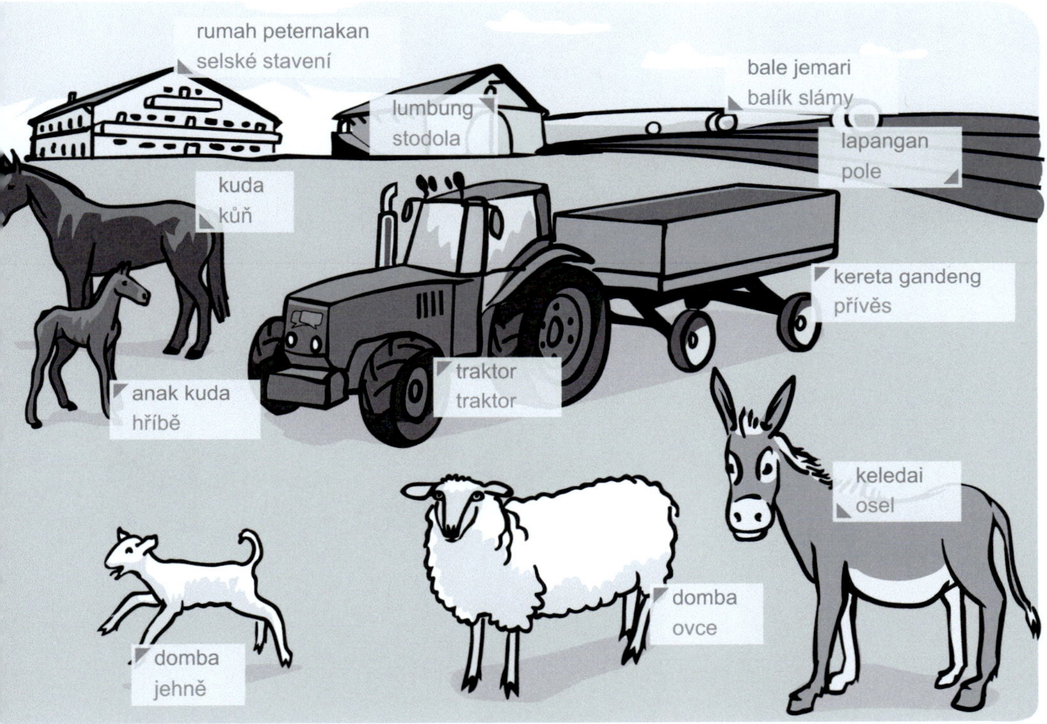
rumah peternakan
selské stavení
bale jemari
balík slámy
lumbung
stodola
lapangan
pole
kuda
kůň
kereta gandeng
přívěs
traktor
traktor
anak kuda
hříbě
keledai
osel
domba
ovce
domba
jehně

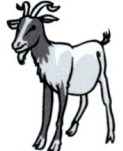

kambing

koza

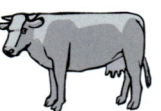

sapi

kráva

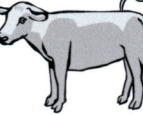

betis

tele

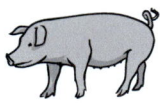

babi

prase

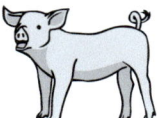

celeng

sele

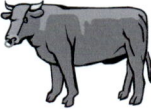

banteng

býk

angsa

husa

bebek

kachna

anak ayam

kuře

ayam

slepice

ayam jantan

kohout

tikus

krysa

kucing

kočka

tikus

myš

lembu

vůl

anjing

pes

rumah anjing

psí bouda

selang

zahradní hadice

penyiram

kropicí konev

sabit

kosa

bajak

pluh

sabit

srp

cangkul

motyka

garpu rumput

vidle

kapak

sekera

gerobak

kolecko

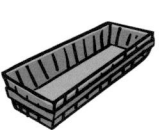

palung

koryto

kaleng susu

konev na mléko

karung

pytel

pagar

plot

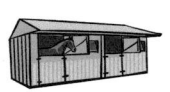

kandang

stáj

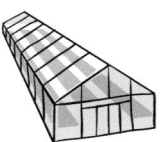

rumah kaca

skleník

tanah

půda

benih

osivo

pupuk

hnojivo

mesin pemanen

kombajn

panen

sklidit

panen

sklizeň

yams

smldinec

gandum

pšenice

kedelai

sója

kentang

brambora

jagung

kukuřice

lobak

řepka

pohon buah

ovocný strom

singkong

maniok

sereal

obilí

rumah
dům

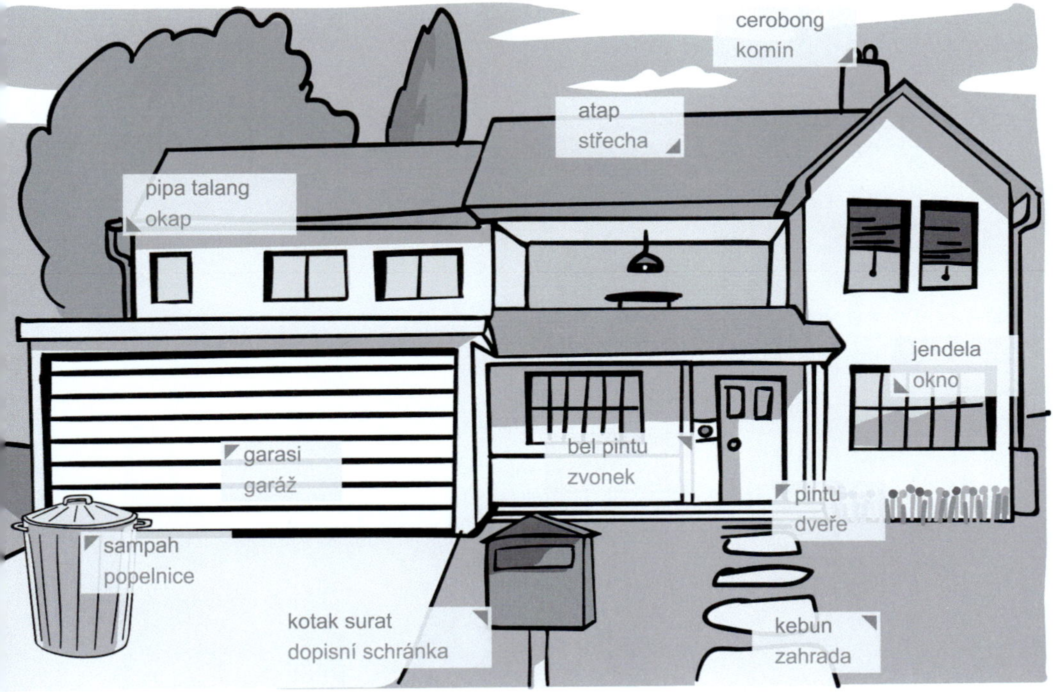
cerobong
komín
atap
střecha
pipa talang
okap
jendela
okno
bel pintu
zvonek
garasi
garáž
pintu
dveře
sampah
popelnice
kotak surat
dopisní schránka
kebun
zahrada

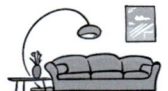

ruang tamu

obývací pokoj

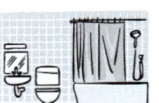

kamar mandi

koupelna

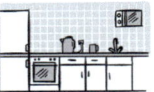

dapur

kuchyně

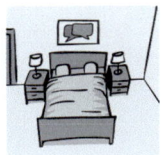

kamar tidur

ložnice

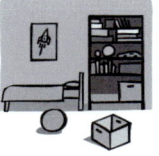

kamar anak

dětský pokoj

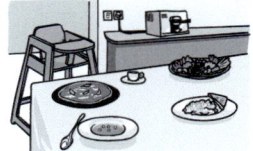

kamar makan

jídelna

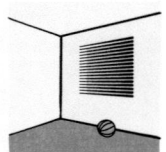

lantai

podlaha

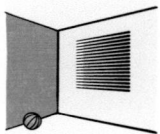

tembok

zeď

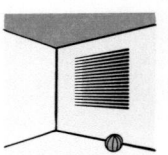

atap

deka

gudang di bawah tanah

sklep

sauna

sauna

balkon

balkón

teras

terasa

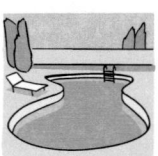

kolam renang

bazén

mesin pemotong rumput

sekačka na trávu

sprei

ložní prádlo

selimut

lůžková přikrývka

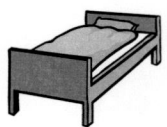

tempat tidur

postel

sapu

smeták

ember

kýbl

tombol

vypínač

ruang tamu
obývací pokoj

kertas dinding
tapeta
gambar
obrázek
lampu
žárovka
rak
police
kabinet
skříň
televisi
televizor
perapian
komín
bunga
květina
bantal
polštář
sofa
gauč
vas
váza
remote control
dálkový ovladač

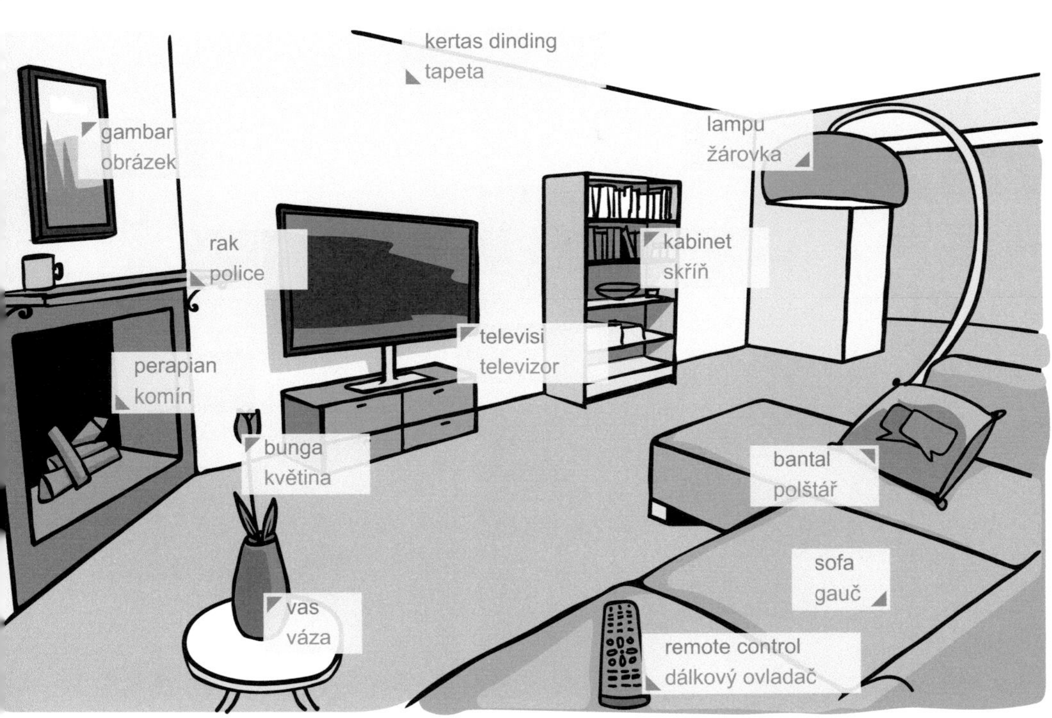

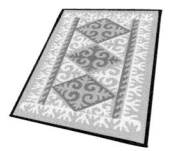

karpet
koberec

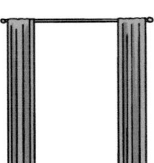

korden
závěs

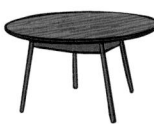

meja
stůl

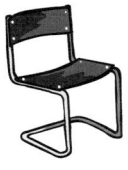

kursi
židle

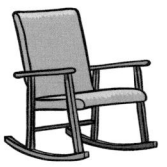

kursi goyang
houpací křeslo

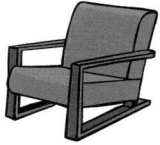

kursi malas
křeslo

buku

kniha

selimut

strop

dekorasi

ozdoba

kayu bakar

palivové dříví

filem

film

hi-fi

stereo souprava

kunci

klíč

koran

noviny

lukisan

malba

poster

plakát

radio

rádio

buku tulis

poznámkový blok

penyedot debu

vysavač

kaktus

kaktus

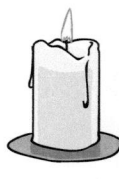

lilin

svíce

dapur
kuchyně

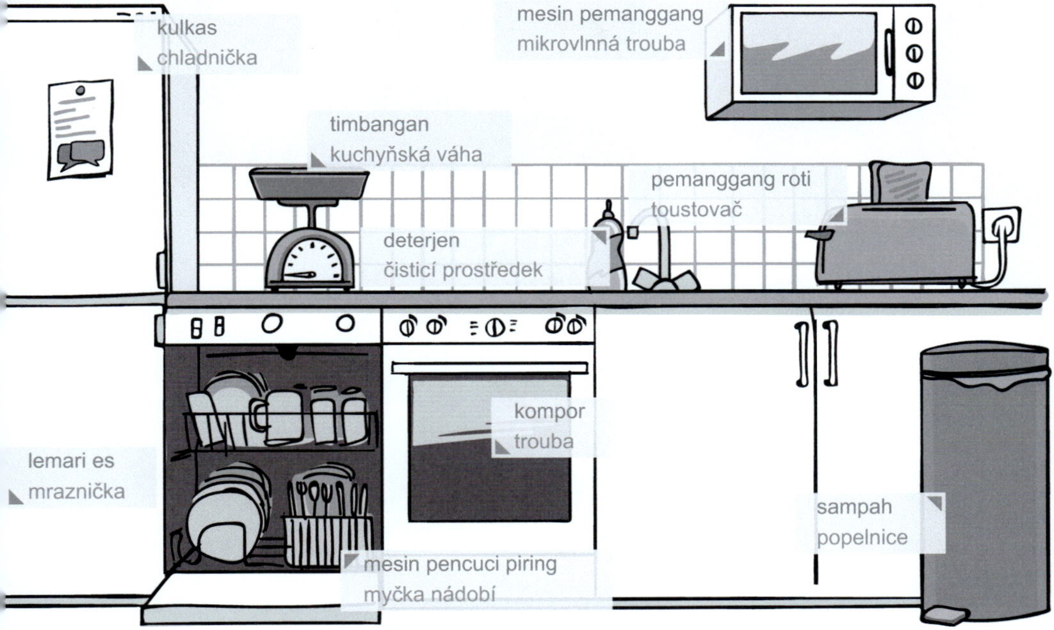
kulkas
chladnička
mesin pemanggang
mikrovlnná trouba
timbangan
kuchyňská váha
pemanggang roti
toustovač
deterjen
čisticí prostředek
kompor
trouba
lemari es
mraznička
sampah
popelnice
mesin pencuci piring
myčka nádobí

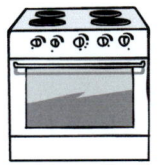

kompor
sporák

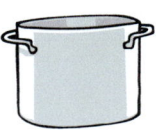

panci
hrnec

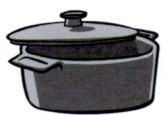

panci besi
litinový hrnec

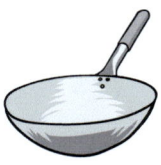

wajan
wok / kadai

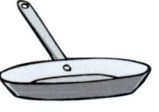

panci
pánev

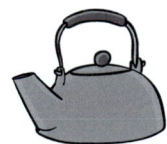

pemanas air
varná konvice

panci pengukus makanan

parní hrnec

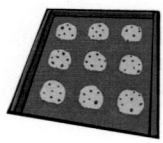

nampan

plech na pečení

piring

nádobí

cangkir

hrnek

mangkok

miska

sumpit

jídelní hůlky

sendok sup

naběračka

sudip

obracečka

mengocok

metla

saringan

síto

saringan

cedník

parutan

struhadlo

mortir

hmoždíř

barbeque

gril

api terbuka

ohniště

papan memotong

prkénko na krájení

gilingan

váleček na těsto

alat pembuka botol

vývrtka

kaleng

dóza

pembuka kaleng

otvírák na konzervy

pegangan panci

chňapka

wastafel

umyvadlo

sikat

kartáč na nádobí

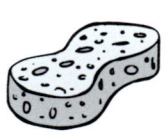

busa

houba

mesin pencampur

mixér

lemari es

mrazák

botol bayi

dětská lahev

keran

kohoutek

kamar mandi
koupelna

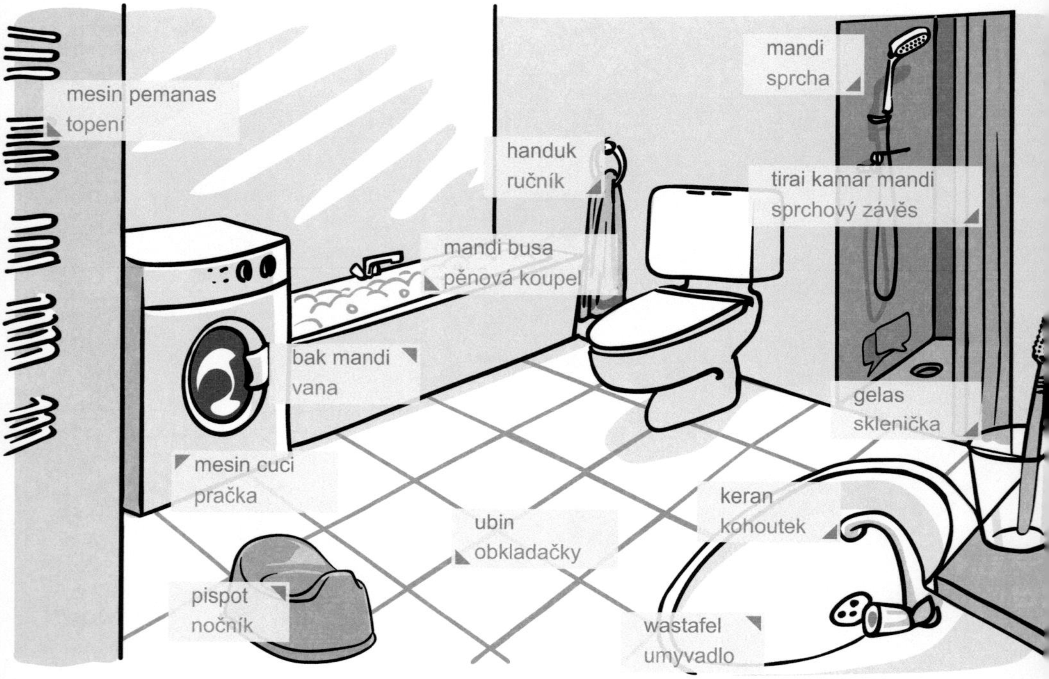
mesin pemanas
topení
mandi
sprcha
handuk
ručník
tirai kamar mandi
sprchový závěs
mandi busa
pěnová koupel
bak mandi
vana
gelas
sklenička
mesin cuci
pračka
keran
kohoutek
ubin
obkladačky
pispot
nočník
wastafel
umyvadlo

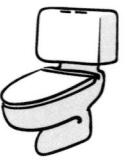

toilet

záchod

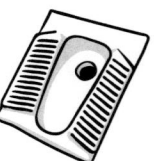

toilet jongkok

turecký záchod

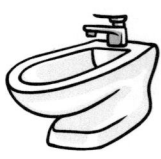

bidet

bidet

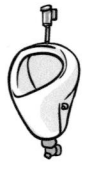

pissoir

pisoár

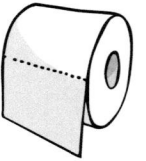

kertas toilet

toaletní papír

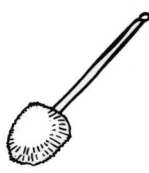

sikat toilet

záchodová štětka

sikat gigi

zubní kartáček

pasta gigi

zubní pasta

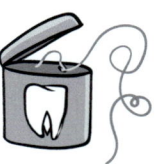

benang gigi

zubní niť

menyuci

mýt

pancuran tangan

ruční sprcha

pancuran

intimní sprcha

bak

umyvadlo

sikat punggung

kartáč na záda

sabun

mýdlo

gel mandi

sprchový gel

sampo

šampón

planel

žínka

kuras

odpad

krim

krém

deodoran

deodorant

kaca

zrcadlo

cermin tangan

kosmetické zrcátko

pisau cukur

holicí strojek

busa cukur

pěna na holení

aftershave

voda po holení

sisir

hřeben

sikat

kartáč

alat pengering rambut

fén

semprot rambut

lak na vlasy

makeup

makeup

lipstik

rtěnka

cat kuku

lak na nehty

kapas

vata

gunting kuku

nůžky na nehty

minyak wangi

parfém

kantong pencuci

ška s toaletními potřebami

bangku

stolička

timbangan

váha

mantel mandi

župan

sarung tangan karet

gumové rukavice

tampon

tampón

handuk pembalut

dámská vložka

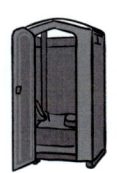

toilet kimia

chemická toaleta

kamar anak

dětský pokoj

jam alarm
budík
boneka tidur
plyšová hračka
mobil-mobilan
autíčko
kelintung
chrastítko
rumah boneka
domeček pro panenky
kado
dárek

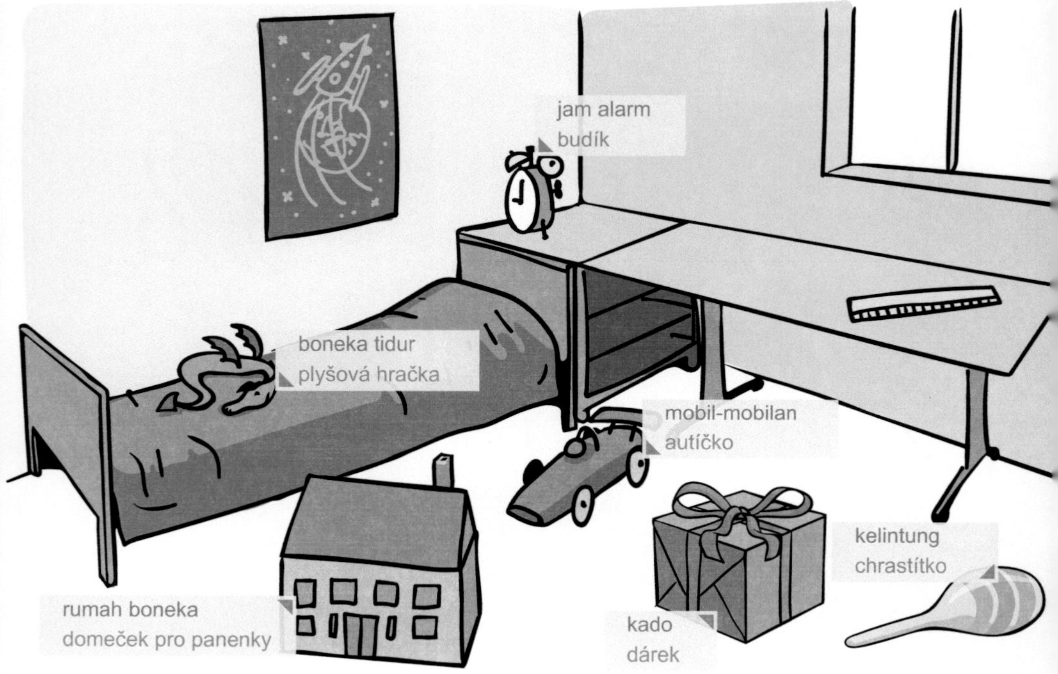

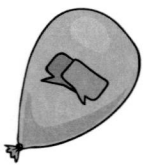

balon

balón

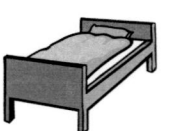

tempat tidur

postel

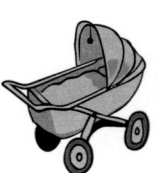

kereta bayi

kočárek

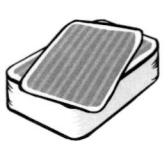

mainan kartu

balíček karet

teka-teki

puzzle

SUPER
MEGA

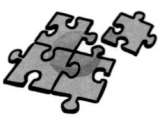

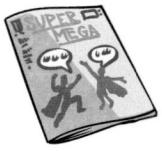

komik

komiks

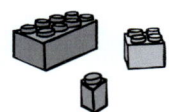

mainan lego

lego kostky

blok mainan

stavebnice

figur aksi

akční figurka

baju monyet

dupačky

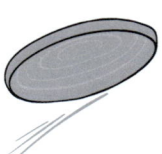

frisbee

frisbee

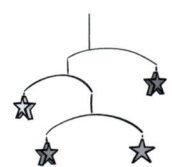

mobile

závěsné hračky nad postýlku

permainan papan

desková hra

dadu

kostky

set model kreta api

modelová železnice

dot

dudlík

pesta

oslava

buku gambar

obrázková kniha

bola

míč

boneka

panenka

bermain

hrát si

tempat main pasir

pískoviště

ayunan

houpačka

mainan

hračky

video game konsol

hrací konzole

sepeda roda tiga

tříkolka

teddy

medvídek

lemari pakaian

šatník

kaos kaki

ponožky

kaos kaki

punčochy

baju ketat

punčochové kalhoty

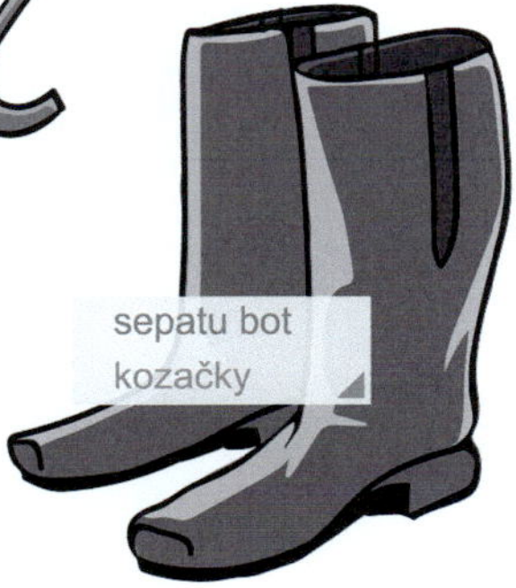

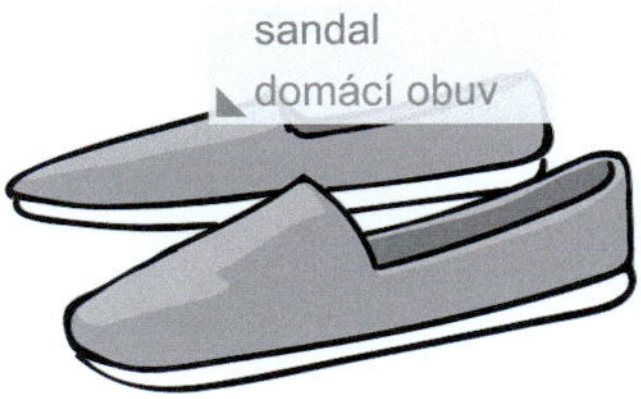

syal
šála

payung
deštník

sabuk
pásek

kaos
tričko

sepatu bot
kozačky

sandal
domácí obuv

sepatu
tenisky

sandal

sandály

sepatu

obuv

sepatu bot karet

holínky

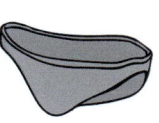

celana dalam

spodní prádlo

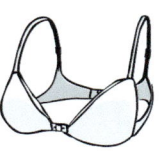

BH

podprsenka

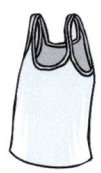

baju rompi

nátělník

body

body

celana

kalhoty

jeans

džíny

rok

sukně

blus

blůza

kemeja

košile

aket berkerudung

svetr

sweater

mikina

jaket

blejzr

jaket

bunda

mantel

kabát

jas hujan

pláštěnka

kostum

kostým

gaun

šaty

gaun pengantin

svatební šaty

setelan resmi

oblek

gaun tidur

noční košile

piyama

pyžamo

sari

sárí

jilbab

šátek na hlavu

turban

turban

burka

burka

kaftan

kaftan

abaya

abája

pakaian renang

plavky

celana renang

pánské plavky

celana pendek

kraťasy

olah raga

tepláková souprava

celemek

zástěra

sarung tangan

rukavice

kancing

knoflík

kacamata

brýle

gelang

náramek

kalung

náhrdelník

cincin

prsten

anting

náušnice

topi

čepice

gantungan mantel

ramínko

topi

klobouk

dasi

kravata

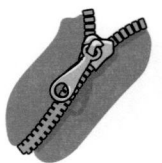

ritsleting

zip

helm

helma

tali selempang

kšandy

seragam sekolah

školní uniforma

seragam

uniforma

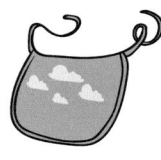

oto

bryndák

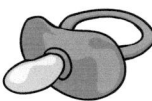

dot

dudlík

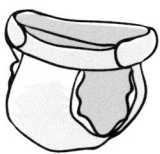

popok

plena

kantor
kancelář

server
server
lemari arsip
kartotéka
kertas
papír
pencetak
tiskárna
layar
monitor
mouse komputer
myš
meja kerja
psací stůl
tempat pengarsipan
šanon
papan tombol
klávesnice
tempat sampah
odpadkový koš na papír
computer
počítač
kursi
židle

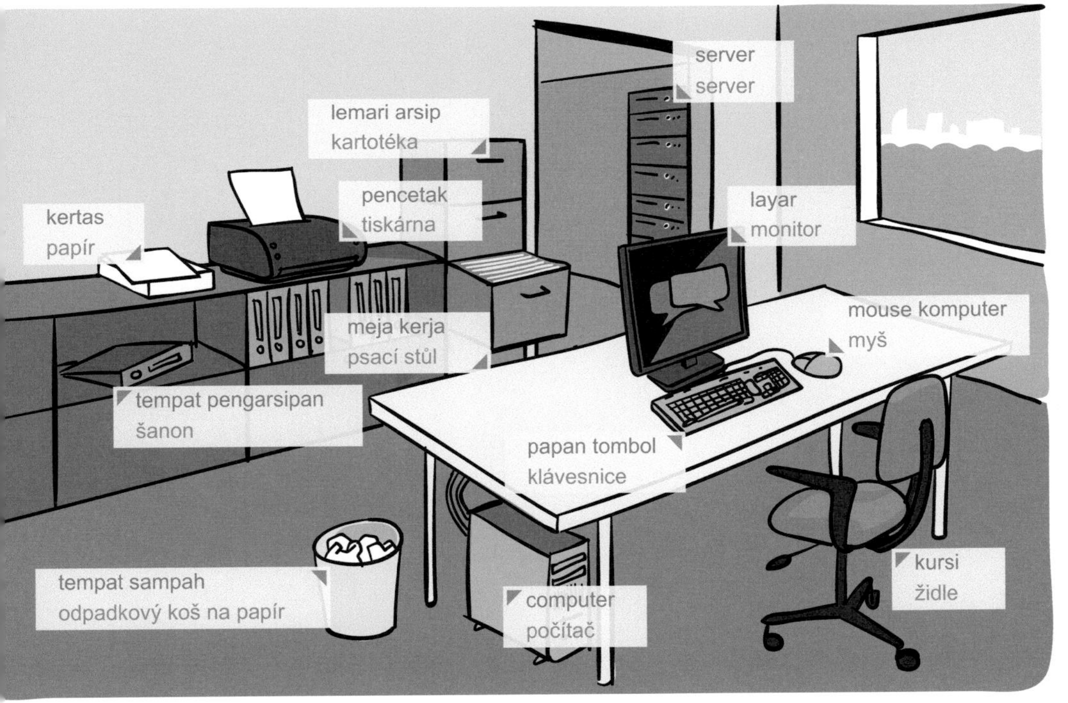

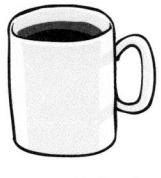

cangkir kopi

hrnek na kávu

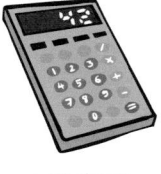

kalkulator

kalkulačka

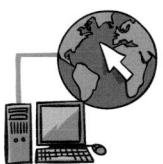

internet

internet

laptop

notebook

surat

dopis

pesan

zpráva

telepon seluler

mobil

jaringan

síť

fotokopi

kopírka

software

software

telepon

telefon

plug soket

zásuvka

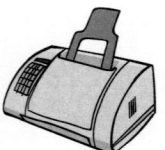

mesin fax

fax

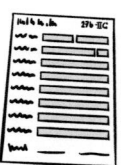

formulir

formulář

dokumen

dokument

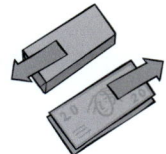

membeli

nakupovat

membayar

zaplatit

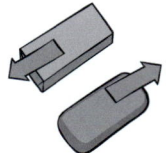

berdagang

jednat

uang

peníze

Dollar

dolar

Euro

euro

Yen

jen

Rubel

rubl

Franc Swiss

frank

Renminbi Yuan

juan

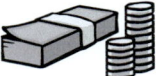

Rupiah

rupie

ATM

bankomat

kantor pertukaran mata uang

směnárna

emas

zlato

perak

stříbro

minyak

olej

energi

energie

harga

cena

kontrak

smlouva

pajak

daň

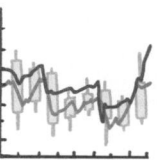

saham

akcie

bekerja

pracovat

karyawan

zaměstnanec

majikan

zaměstnavatel

pabrik

továrna

toko

obchod

52

ekonomi - hospodářství

pekerjaan
povolání

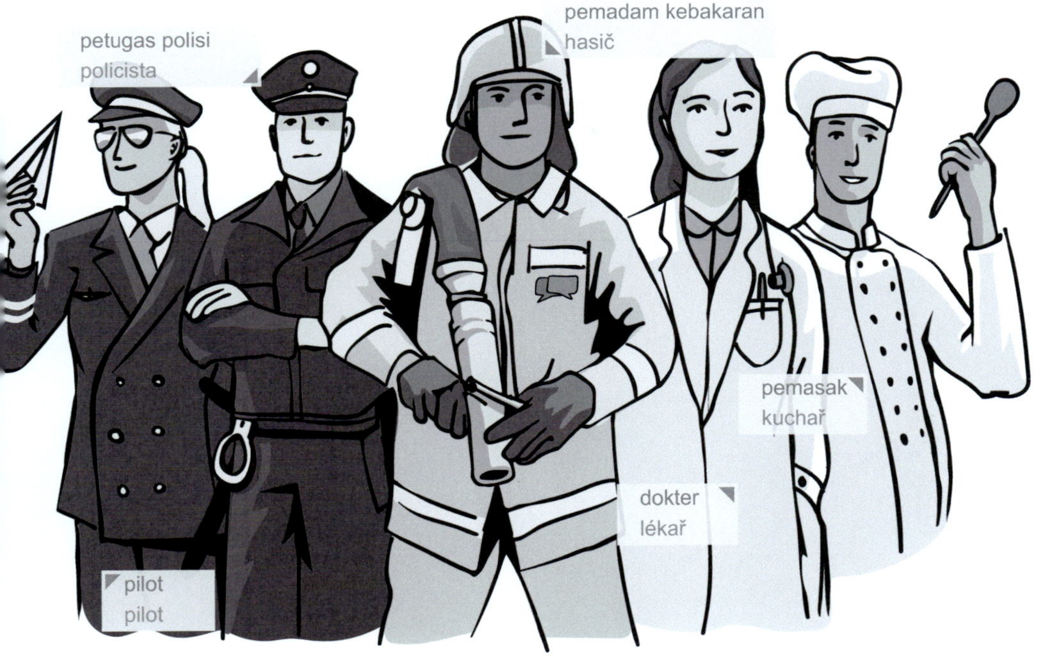
petugas polisi
policista
pemadam kebakaran
hasič
pemasak
kuchař
dokter
lékař
pilot
pilot

tukan kebun
zahradník

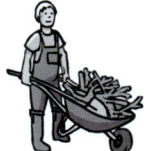

tukang kayu
truhlář

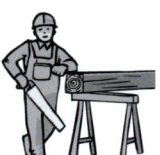

penjahit wanita
švadlena

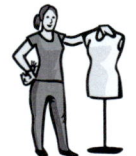

hakim
soudce

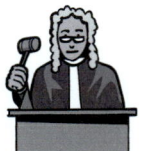

ahli kimia
chemik

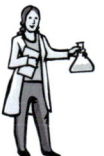

aktor
herec

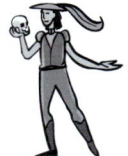

sopir bis

řidič autobusu

sopir taksi

řidič taxi

nelayan

rybář

pembantu

uklízečka

tukang atap

pokrývač

pelayan

číšník

pemburu

myslivec

pelukis

malíř

tukang roti

pekař

tukang listrik

elektrikář

pembangun

stavební dělník

insinyur

inženýr

tukang daging

řezník

tukang ledeng

klempíř

tukang pos

listonoš

tentara

voják

arsitek

architekt

kasir

pokladní

penjual bunga

florista

penata rambut

kadeřník

konduktor

průvodčí

montir

mechanik

kapten

kapitán

dokter gigi

zubař

ilmuwan

vědec

rabbi

rabín

imam

imám

biarawan

mnich

pendeta

duchovní

alat
nářadí

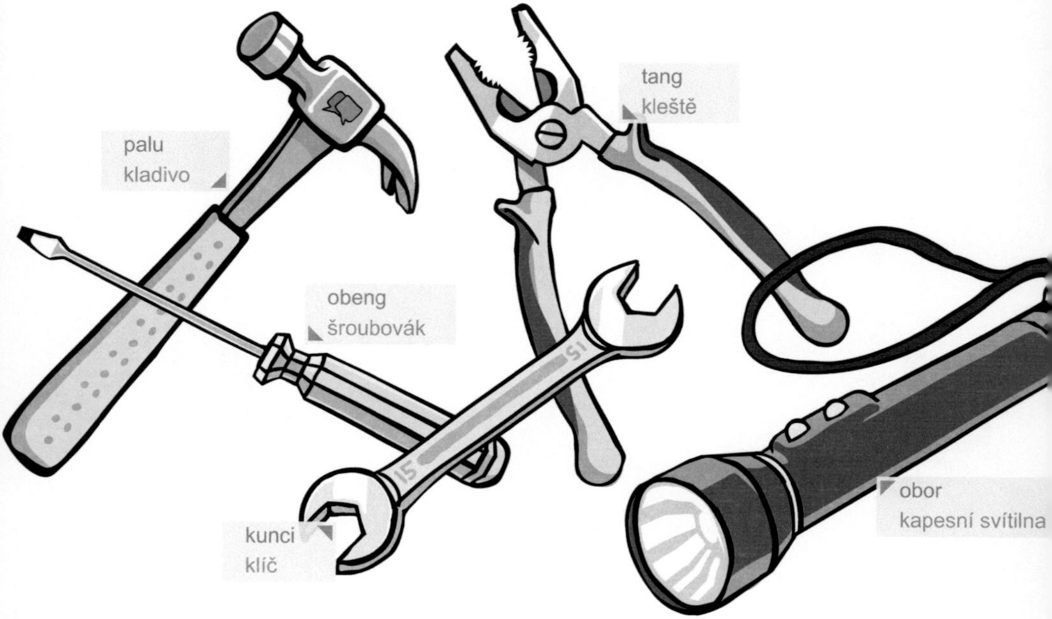
palu
kladivo
tang
kleště
obeng
šroubovák
kunci
klíč
obor
kapesní svítilna

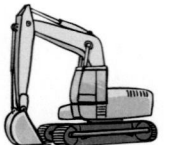

penggali
bagr

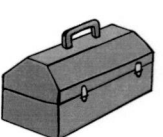

tas perkakas
skříň na nářadí

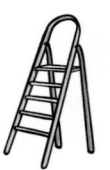

tangga
žebřík

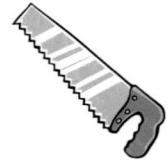

gergaji
pila

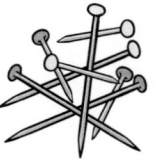

paku
hřebíky

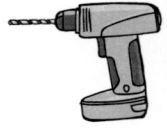

bor
vrtačka

perbaikan

opravit

sekop

lopata

Sialan!

Kurva!

cikrak

lopatka

pot cat

vědroé na barvu

sekrup

šrouby

alat musik
hudební nástroje

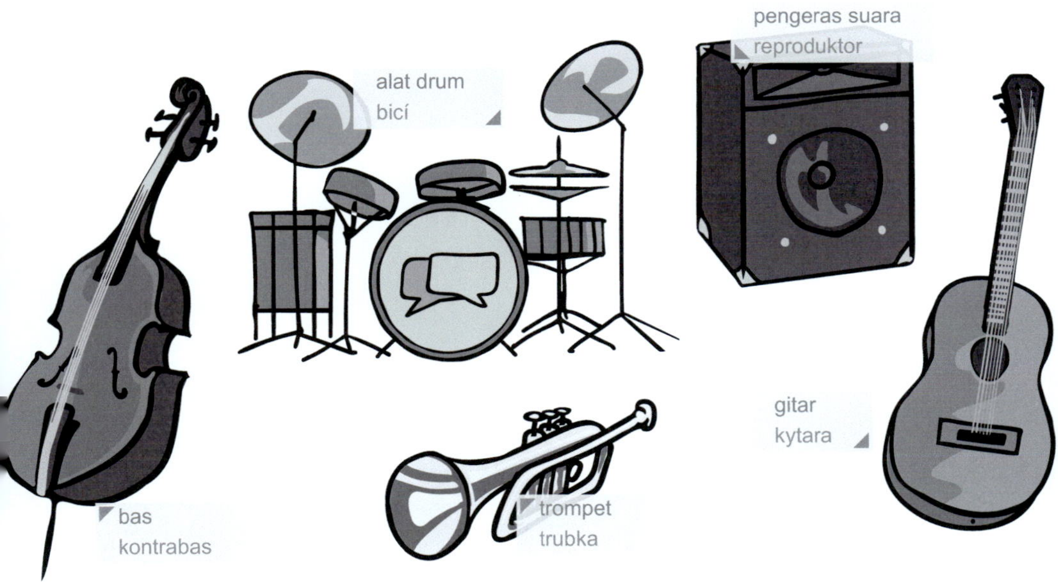

pengeras suara
reproduktor

alat drum
bicí

gitar
kytara

bas
kontrabas

trompet
trubka

piano

klavír

violin

housle

bass

basa

tambur

tympán

drum

bubny

keyboard

keyboard

saksofon

saxofon

suling

flétna

mikrofon

mikrofon

kebun binatang

zoo

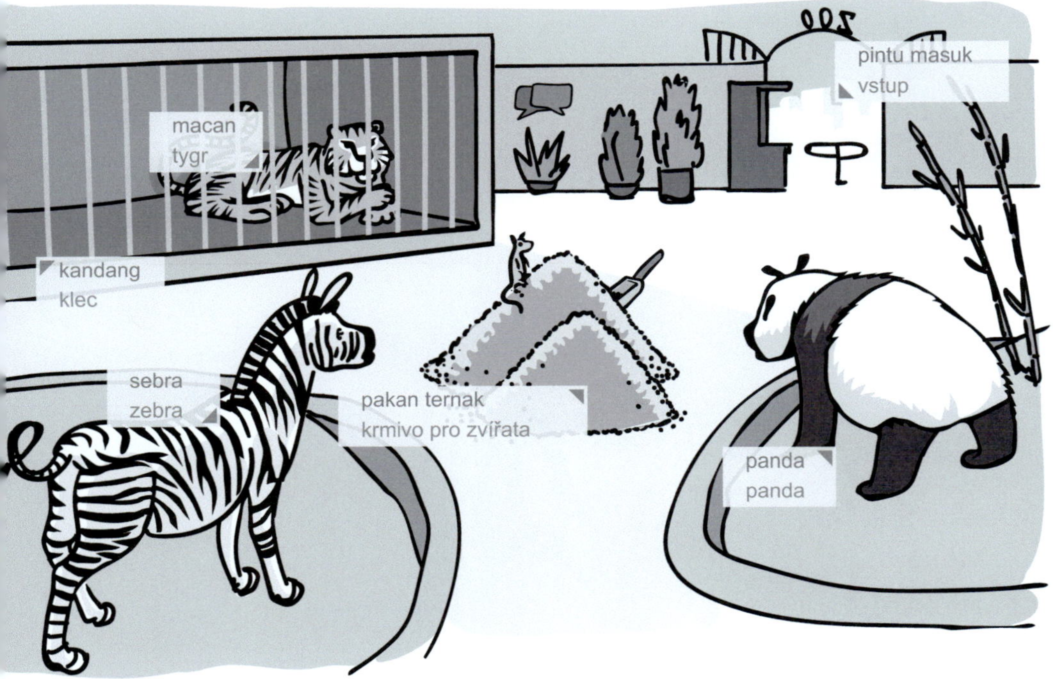

pintu masuk
vstup
macan
tygr
kandang
klec
sebra
zebra
pakan ternak
krmivo pro zvířata
panda
panda

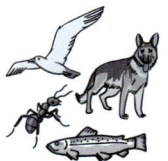

hewan

zvířata

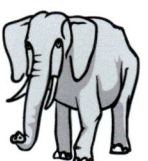

gajah

slon

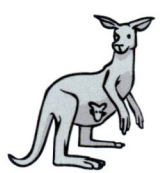

kanguru

klokan

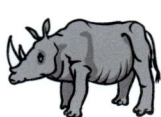

badak

nosorožec

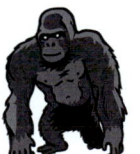

gorila

gorila

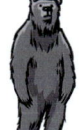

beruang

medvěd

unta

velbloud

burung unta

pštros

singa

lev

monyet

opice

flamingo

plameňák

burung beo

papoušek

beruang polar

lední medvěd

penguin

tučňák

hiu

žralok

merak

páv

ular

had

buaya

krokodýl

penjaga kebun binatang

ošetřovatel zvířat

segel

tuleň

jaguar

jaguár

kuda poni

poník

macan tutul

leopard

kuda nil

hroch

jerapah

žirafa

burung elang

orel

babi jantan

divoké prase

ikan

ryby

kura-kura

želva

anjing laut

mrož

rubah

liška

kijang

gazela

american football
americký fotbal

naik sepeda
cyklistika

tennis
tenis

basketbal
košíková

bernang
plavání

tinju
box

hoki es
lední hokej

sepak bola
....
kopaná

badminton
....
badminton

atletik
....
lehká atletika

bola tangan
....
házená

main ski
....
běh na lyžích

polo
....
vodní pólo

meloncat
skočit

ketawa
smát se

memeluk
objímat

berjalan
jít

menyanyi
zpívat

mengimpi
snít

berdoa
modlit se

mencium
políbit

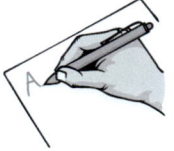

menulis

psát

melukis

kreslit

menunjuk

ukazovat

mendorong

tlačit

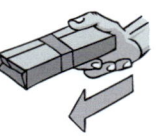

memberikan

dát

mengambil

vzít si

mempunyai

mít

melakukan

dělat

adalah

být

berdiri

stát

berlari

běhat

menarik

táhnout

melempar

hodit

jatuh

padat

tidur

ležet

menunggu

čekat

membawa

nosit

duduk

sedět

berpakaian

oblékat

tidur

spát

bangun

vzbudit se

melihat

prohlédnout si

menangis

plakat

mengelus

pohladit

menyisir

česat

berbicara

hovořit

mengerti

rozumět

menanyak

ptát se

mendengar

slyšet

minum

pít

makan

jíst

merapikan

uklidit

cinta

milovat

memasak

vařit

menyetir

jet

terbang

letět

aktivitas - aktivity

berlayar

plachtit

menghitung

počítat

membaca

číst

belajar

učit se

bekerja

pracovat

menikah

vzít si

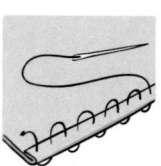

menjahit

šít

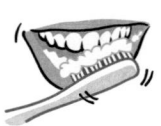

sikat gigi

čistit si zuby

membunuh

zabít

merokok

kouřit

kirim

poslat

keluarga
rodina

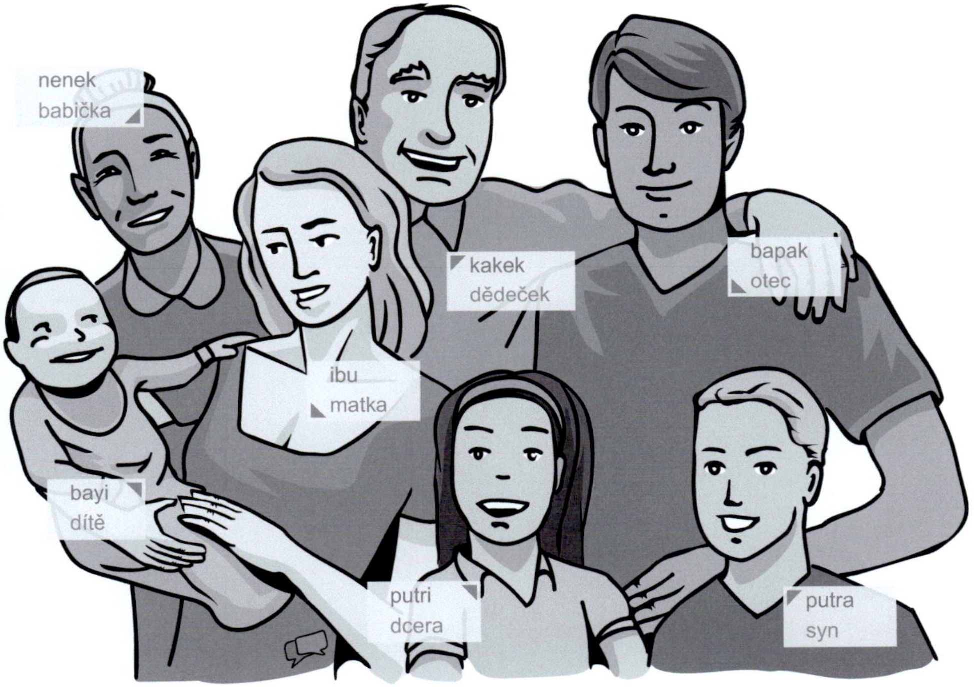
nenek
babička
kakek
dědeček
bapak
otec
ibu
matka
bayi
dítě
putri
dcera
putra
syn

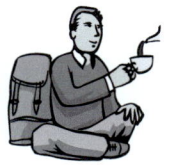

tamu
host

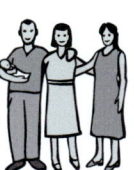

bibi
teta

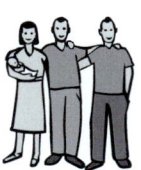

paman
strýc

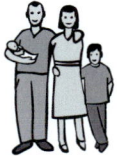

kakak laki
bratr

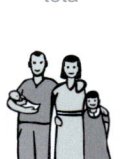

kakak perempuan
sestra

badan

tělo

dahi
čelo
mata
oko
muka
obličej
dagu
brada
payudara
hruď
jari
prst
tangan
ruka
lengan
paže
bahu
rameno
kaki
dolní končetina

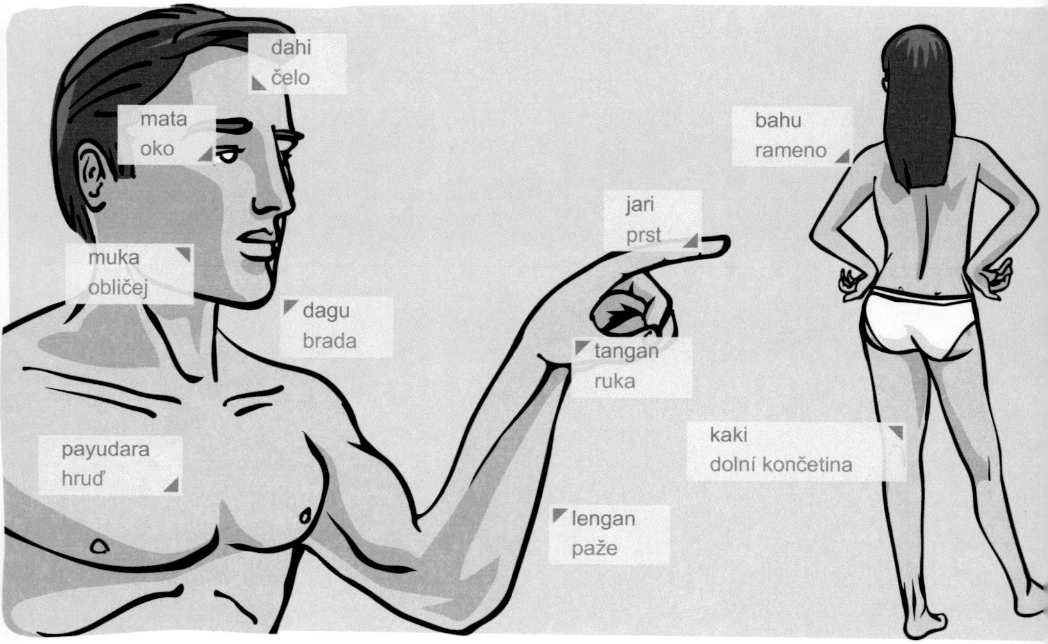

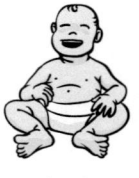

bayi

dítě

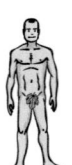

pria

muž

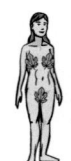

wanita

žena

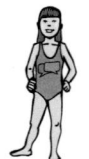

perempuan

dívka

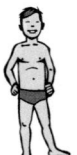

laki

chlapec

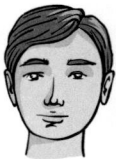

kepala

hlava

punggung

záda

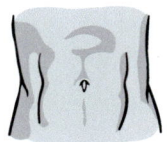

perut

břicho

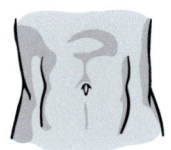

pusar

pupík

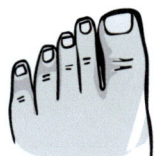

toe

prst na noze

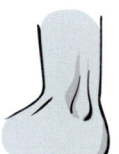

tumit

pata

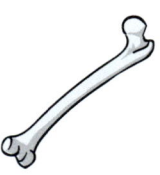

tulang

kost

pinggang

bok

lutut

koleno

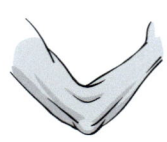

siku

loket

hidung

nos

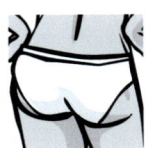

pantat

zadek

kulit

kůže

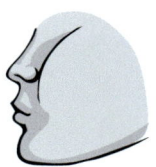

pipi

tvář

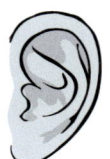

telinga

ucho

bibir

ret

mulut

ústa

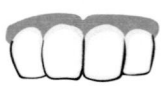

gigi

zub

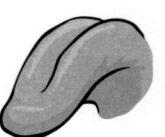

lidah

jazyk

otak

mozek

jantung

srdce

otot

sval

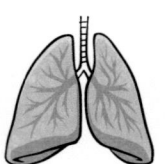

paru-paru

plíce

hati

játra

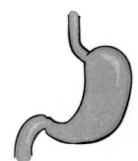

stomach

žaludek

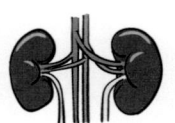

ginjal

ledviny

hubungan seks

pohlavní styk

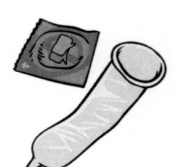

kondom

kondom

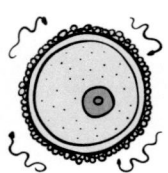

sel telur

vajíčko

sperma

sperma

kehamilan

těhotenství

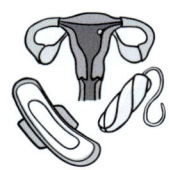

menstruasi
....
menstruace

vagina
....
vagina

penis
....
penis

alis
....
obočí

rambut
....
vlasy

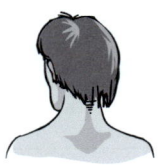

leher
....
krk

rumah sakit
nemocnice

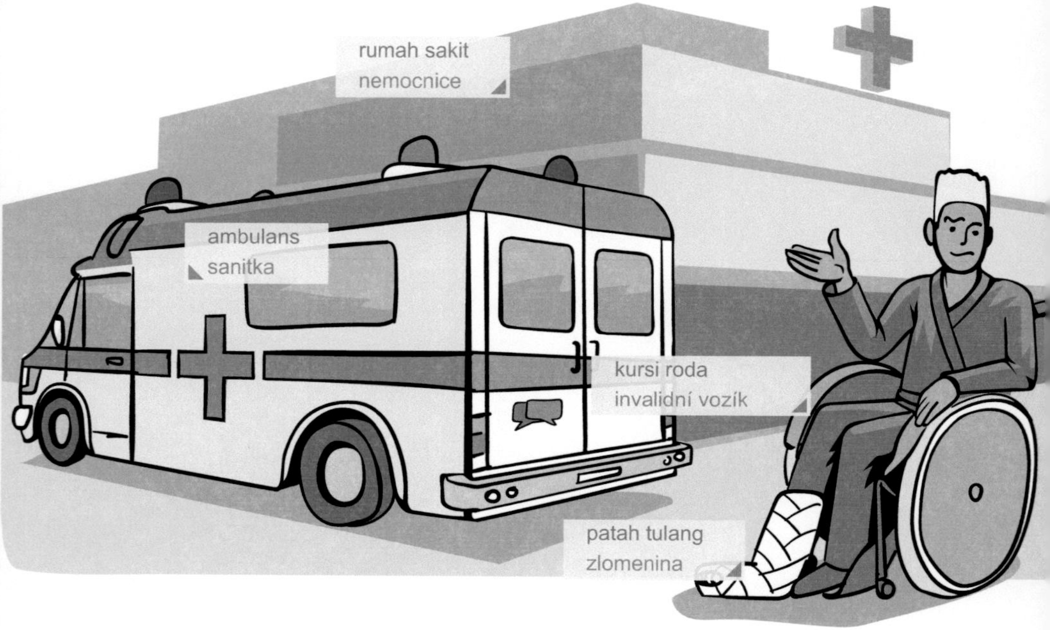

rumah sakit
nemocnice
ambulans
sanitka
kursi roda
invalidní vozík
patah tulang
zlomenina

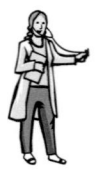

dokter
lékař

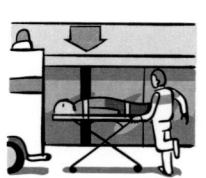

ruang darurat
pohotovost

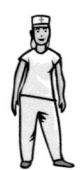

perawat
zdravotní sestra

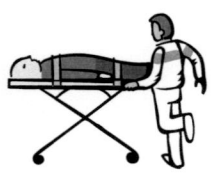

darurat
urgentní případ

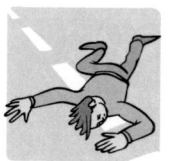

semaput
v bezvědomí

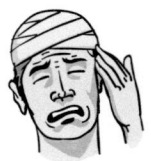

sakit
bolest

cedera

úraz

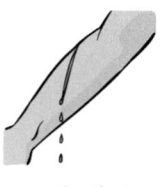

perdarahan

krvácení

serangan jantung

infarkt myokardu

stroke

cévní mozková příhoda

alergi

alergie

batuk

kašel

demam

horečka

flu

chřipka

diare

průjem

sakit kepala

bolest hlavy

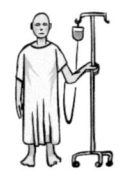

kanker

rakovina

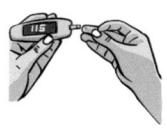

diabetes

cukrovka

ahli bedah

chirurg

pisau bedah

skalpel

operasi

operace

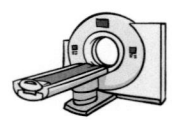

CT

CT

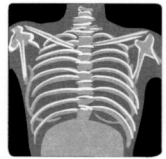

sinar x

rentgen

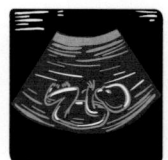

usg

ultrazvuk

topeng

maska

penyakit

nemoc

ruang tunggu

čekárna

penyokong

berle

plester

náplast

perban

obvaz

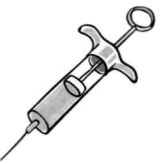

injeksi

injekce

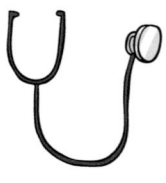

stetoskop

stetoskop

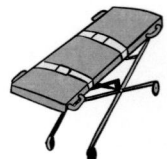

usungan

nosítka

termometer klinis

teploměr

kelahiran

porod

kelebihan berat badan

nadváha

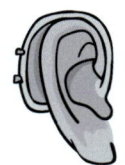

alat pendengar

naslouchátko

desinfektan

dezinfekční prostředek

infeksi

infekce

virus

virus

HIV / AIDS

HIV / AIDS

obat

lékařství

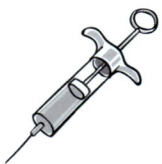

vaksinasi

očkování

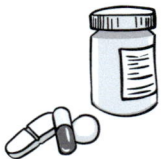

tablet

tablety

pil

pilulka

panggilan darurat

tísňové volání

ukur tekanan darah

tonometr

sakit / sehat

nemocný / zdravý

Tolong!

Pomoc!

penyerbuan

přepadení

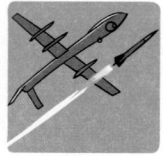

serangan

napadení

bahaya

nebezpečí

pintu darurat

nouzový východ

Api!

Hoří!

alat pemadam kebakaran

hasicí přístroj

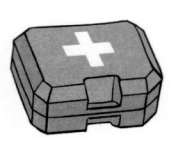

kecelakaan

nehoda

kit pertolongan pertama

zdravotnická brašna

SOS

SOS

polisi

policie

Eropa

Evropa

Amerika Utara

Severní Amerika

Amerika Selatan

Jižní Amerika

Afrika

Afrika

Asia

Asie

Australi

Austrálie

Atlantik

Atlantik

Pasifik

Pacifik

Samudra India

Indický oceán

Samudra Antartika

Jižní ledový oceán

Samudra Arktik

Severní ledový oceán

kutub utara

severní pól

kutub selatan

jižní pól

Antarktika

Antarktida

bumi

země

tanah

pevnina

laut

moře

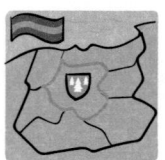

pulau

ostrov

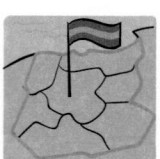

bangsa

národ

negara

stát

jam wajah

ciferník

jarum pendek

hodinová ručička

jarum menit

minutová ručička

jarum detik

vteřinová ručička

Jam berapa?

Kolik je hodin?

hari

den

waktu

čas

sekarang

teď

jam digital

digitální hodinky

menit

minuta

jam

hodina

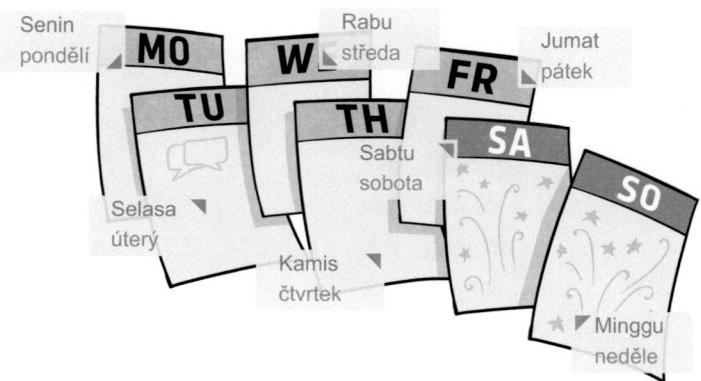

Senin / pondělí — MO
Rabu / středa — W
Jumat / pátek — FR
Selasa / úterý — TU
Sabtu / sobota — TH
Kamis / čtvrtek — SA
Minggu / neděle — SO

kemaren

včera

hari ini

dnes

besok

zítra

pagi

ráno

siang

poledne

malam

večer

hari kerja

pracovní dny

akhir minggu

víkend

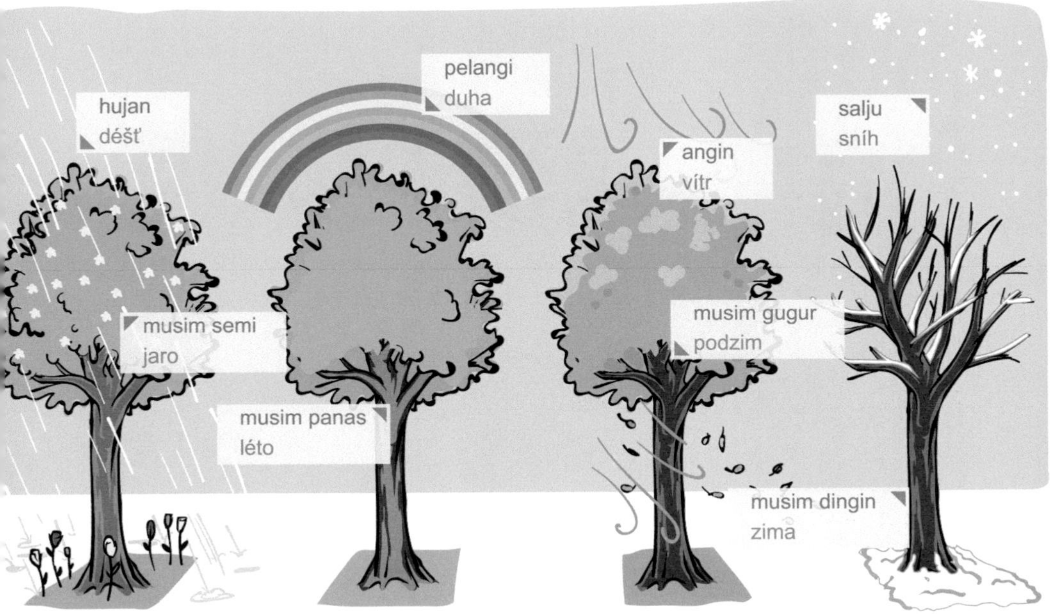

hujan
déšť

pelangi
duha

angin
vítr

salju
sníh

musim semi
jaro

musim gugur
podzim

musim panas
léto

musim dingin
zima

ramalan cuaca

předpověď počasí

termometer

teploměr

matahari

sluneční svit

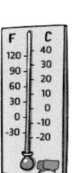

awan

mrak

kabut

mlha

kelembahan

vlhkost

kilat

blesk

guntur

hrom

badai

bouřka

hujan es

kroupy

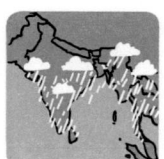

monsun

monzun

banjir

povodeň

es

led

Januari

leden

Februari

únor

Maret

březen

April

duben

Mei

květen

Juni

červen

Juli

červenec

Agustus

srpen

September
....
září

Oktober
....
říjen

November
....
listopad

Desember
....
prosinec

bentuk

tvary

lingkaran
....
kruh

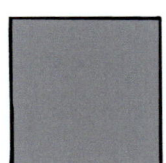

persegi
....
čtverec

persegi panjang
....
obdélník

segi tiga
....
trojúhelník

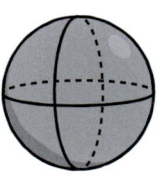

bola
....
koule

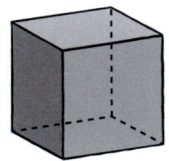

kubus
....
krychle

warna-warna
barvy

putih
bílá

kuning
žlutá

oranye
oranžová

pink
růžová

merah
červená

ungu
fialová

biru
modrá

hijau
zelená

coklat
hnědá

abu-abu
šedá

hitam
černá

banyak / sedikit

hodně / málo

marah / tenang

rozzuřený / mírumilovný

cantik / jelek

krásný / ošklivý

mulaih / selesai

začátek / konec

besar / kecil

velký / malý

terang / gelap

světlý / tmavý

saudara laki-laki / saudara perempuan

bratr / sestra

bersih / kotor

čistý / špinavý

lengkap / tidak lengkap

úplný / neúplný

hari / malam

den / noc

mati / hidup

mrtvý / živý

luas / sempit

široký / úzký

dapat dimakan / tidak dapat
dimakan
....
jedlý / nejedlý

jahat / baik
....
zlý / hodný

bersemangat / bosan
....
vzrušený / znuděný

gemuk / kurus
....
tlustý / hubený

pertama / terakhir
....
nejdříve / naposledy

teman / musuh
....
přítel / nepřítel

penuh / kosong
....
plný / prázdný

keras / lembut
....
tvrdý / měkký

berat / enteng
....
těžký / lehký

lapar / haus
....
hlad / žízeň

sakit / sehat
....
nemocný / zdravý

ilegal / legal
....
ilegální / legální

cerdas / bodoh
....
inteligentní / hloupý

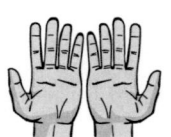

kiri / kanan
....
vlevo / vpravo

dekat / jauh
....
blízko / daleko

baru / bekas

nový / použitý

tidak ada apapun / sesuatu

nic / něco

tua / muda

starý / mladý

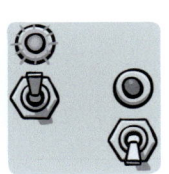

nyala / mati

zapnutý / vypnutý

buka / tutup

otevřeno / zavřeno

tenang / keras

tichý / hlasitý

kaya / miskin

bohatý / chudý

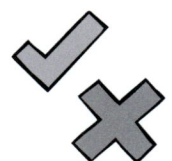

benar / salah

správný / špatný

kasar / halus

drsný / hladký

sedih / gembira

smutný / šťastný

pendek / panjang

krátký / dlouhý

pelan-pelan / cepat

pomalý / rychlý

basah / kering

vlhký / suchý

hangat / sejuk

teplý / chladný

perang / damai

válka / mír

0	**1**	**2**
nol	satu	dua
nula	jedna	dva
3	**4**	**5**
tiga	empat	lima
tři	čtyři	pět
6	**7**	**8**
enam	tujuh	delapan
šest	sedm	osm
9	**10**	**11**
sembilan	sepuluh	sebelas
devět	deset	jedenáct

12

duabelas

dvanáct

13

tigabelas

třináct

14

empatbelas

čtrnáct

15

limabelas

patnáct

16

enambelas

šestnáct

17

tujuhbelas

sedmnáct

18

delapanbelas

osmnáct

19

sembilanbelas

devatenáct

20

duapuluh

dvacet

100

seratus

sto

1.000

seribu

tisíc

1.000.000

juta

milion

Inggris

angličtina

bahasa Inggris Amerika

americká angličtina

bahasa Cina Mandarin

standardní čínština

bahasa Hindi

hindština

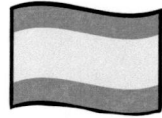

bahasa Spanyol

španělština

bahasa Perancis

francouzština

bahasa Arab

arabština

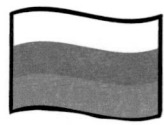

bahasa Rusia

ruština

bahasa Portugis

portugalština

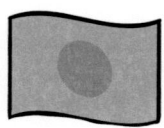

bahasa Bengal

bengálština

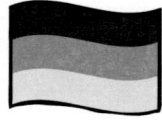

bahasa Jerman

němčina

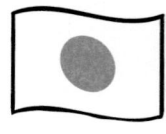

bahasa Jepang

japonština

saya

já

kamu

ty

dia

on / ona / ono

kita

my

kalian

vy

mereka

oni

siapa?

Kdo?

apa?

Co?

begaimana?

Jak?

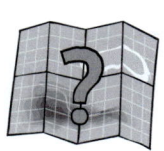

dimana?

Kde?

kapan?

Kdy?

nama

jméno

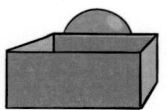

dibelakang
za

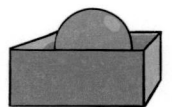

di
do

didepan
z

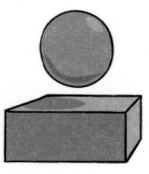

diatas
nad

diatas
na

dibawah
mezi

sebelah
vedle

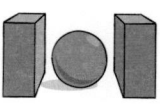

di antara
mezi

tempat
místo